Kurt Schwitters

ANNA BLUME

Kurt Schwitters

ANNA BLUME

Gedichte

Anaconda

Sämtliche Texte folgen der Ausgabe Kurt Schwitters: *Das literarische Werk*. Hrsg. v. Friedhelm Lach. Band 1: *Lyrik*. Köln: Dumont 1973. Die Anordnung erfolgt, wie dort, chronologisch innerhalb der Abschnitte »Gedichte« (hier bis »Cornelia«, S. 71), »Banalitäten, Sprüche und Sentenzen« (hier bis »Ach, es geht mir etwas besser«, S. 73), »Schlager und Lieder« (hier bis »Es kehrt die Zeit«, S. 78) und »Konkrete Poesie« (hier bis »What a b what a b what a beauty«, S. 91). Orthografie und, wo eindeutig, auch Interpunktion, wurden unter Wahrung aller grammatischen und stilistischen Eigenheiten auf neue Rechtschreibung umgestellt.

Die Deutsche Nationalbibliothek verzeichnet diese Publikation in der Deutschen Nationalbibliografie; detaillierte bibliografische Daten sind im Internet unter http://dnb.d-nb.de abrufbar.

Umschlagmotiv: Kurt Schwitters (1887–1948), »Anna Blume« (1922), Private Collection / Mayor Gallery, London / Bridgeman Images
Umschlaggestaltung: www.katjaholst.de
Satz und Layout: Roland Poferl Print-Design, Köln
Printed in Czech Republic 2019
ISBN 978-3-7306-0729-9
www.anacondaverlag.de
info@anacondaverlag.de

Unter Blütenbäumen

Wir saßen unter Blütenbäumen
Vom Meer der lauen Luft umspült,
Gewiegt von lieblich süßen Träumen,
Die süßer nie ein Herz gefühlt.

Wir lauschten auf der Vögel Singen
Nach ihrer Vogelmelodie
Und lauschten auf entferntes Klingen
Der großen Frühlingsharmonie.

Das Auge schaute traumverloren
Und ganz der Alltagswelt entrückt
Solch Frühlingspracht wie neugeboren,
Vor Wonne trunken und entzückt.

Die Blütenblätter flogen bunter,
Ein Vogel flog hinaus ins Land,
Es flog auf meinen Hut herunter,
Ich nahm den Hut in meine Hand.

»Lass sitzen«, sprach mein Freund, »lass sitzen,
Im Hause nimm es sauber weg;
Denn würdest Du es jetzt abspritzen,
Dann gäb' es einen Vogeldreck.«

Ich sing mein Lied

Ich sing mein Lied in tiefen Raum, man hört es kaum.
Es dringt hervor aus tiefer Brust, mir unbewusst.
Es singt Dir eine Melodie, jetzt oder nie.
Hast Du mich nun noch nicht erhört, bin ich empört
Und trinke Lindenblütentee, der mildert Weh,
Und frage mich: »Was bist denn Du, Du alte Kuh?«

Schicksal

Leere Häuser gähnen straßenlang,
Ein Öden kauert auf.
– – – – – –
Sturmblitze zucken schwül;
Ich will, Ich will.
Peitscht Riesen überlaut – –
Greift Schmerz, ich will, ich will! – –
Ein Öden kauert auf – –
Ein Öden straßenauf – –
Ein Gähnen häuserlang – –
Ich
Muss!

Die Welt

Gedicht 2

Häuser fallen, Himmel stürzen ein.
Bäume ragen über Bäume.
Himmel grünt rot.
Silberne Fische schwimmen in der Luft.
Sie verbrennen sich nicht.
Sie sind ja so innig.
Im ewigen Silber glänzt ihre Frühe.
Und der Wahn schwillt heran und brüstet sich
 über die Himmel.
Millionen silberne Fische zittern über die Weite.
Doch sengen sie nicht ihre silbernen Flügel.
Sanft weht die Luft vom silbernen Flügelschlag.
Brüsten sich Menschen – –
Knien Seelen – – –
Riesengroß wächst der Wahn über die Weite.

UNDUMM

So höre glant schrein qualte Morea
Mamauer gleiß verlarnte du ich singe
Schrill glutet glant équalte fein
Wie Räderachsen schreien schrein
Glut qualte leiberheiß verlarnte Schein
O höre! E verlarnte qualte Qualen.
   Sidu Sibeelee platscht der Mond
   O siehe du, oh singe mit,
   Libeelee goldet Glotea.
Doch Quaale Traum erdrosselt meine Singe.

Nächte

Gedicht 7

Innige Nächte
Gluten Qual
Zittert Glut Wonne
Schmerzhaft umeint
Siedend nächtigt Brunst
Peitscht Feuer Blitz
Zuckend Schwüle
O, wenn ich das Fischlein baden könnte!
Zagt ein Innen
Zittert enteint
Giert schwül
Herb
Du
Duft der Braut
Rosen gleißen im Garten
Schlank stachelt Fisch in der Peitscheluft
Wunden Knie
Wogen Brandung Wonne
Wenn das Fischlein fliegen könnte
Ich umwoge
Innenjauchzt
Peitscht still Inbrunst
Überquillt schrill
Kniet Tau auf dem Fischlein

Es schlüpft seine Beinchen
Weiße Beinchen hat das Fischlein
Weiße Augen hat der Tod
Fest peitscht innig Nacht
Ich
Zerwoge
Bleicht müde
Blaut Qual Sonne

Ich werde gegangen

Gedicht 19

Ich taumeltürme
Welkes windes Blatt
Häuser augen Menschen Klippen
Schmiege Taumel Wind
Menschen steinen Häuser Klippen
Taumeltürme blutes Blatt

Am Rande meines Welkens bin ich sanfte Nacht

Gedicht 14

Sägen knien Regen welken Tage
Sanften fromme Tiefe sanfte Hände
Tropfen wunde Nächte nächtelang
Wunden sanfte Riesen wölben Dom

Du

Meine Singe ist leer.
Schreien gähnt,
Schreien weitet,
Brüllt gähnen weitet;
Ich herbe Du.
Ich herbe Deinen Hauch,
Ich singe Deine Augen,
Dein Schreiten sehnt meine Augen,
Dein Plaudern sehnt mein Ohr.
Ich lechze Duft die Stunden.
Du bist mein Sehnen
Du bist Dein Schreiten, Deine Augen, Dein Gebet.
Dein Lachen betet,
Dein Plaudern betet,
Dein Auge betet.
Mein Sehnen fernt Dein Beten Schrei.
Ich
Ferne Du

Beingrenzen

Grenzen
Grenzen
Grenzen
Ein Bein
Ein
Bein
Graben
Graben
Ein Bein

Grünes Kind

Gedicht 1

Eingekerkerte Luft steilt.
Der Mord überwölbt Blut.
Wenn ich diese Mauern scherben könnte!
Mauer lechzt uns.
O diese Glut der umarmenden Mauer!
Kerker einigt –
Blut kerkert –
Blut steilt –
Riesengroß Blut überwölbt.
Laufen –
Fliehen –
Angst –
Steilt Blut –
Grün.
Schuss –
Wer schießt? –
Blut?
Schwefel –
Füße überstolpern –
Beine überhetzen –
Blut –
Angst –
Jagen –
Fliegen –
Schreien –

Blut grinst gelb – hell – gelb –
Gelbgrün –
Hellgelbgrün –
Schwefelgelbgrün –
Hellschwefelgelbgrün –
Blut grinst hellschwefelgelbgrün.
Wenn ich das grüne Blut waschen könnte!
Blut waschen –
Baden Blut –
Blut baden.
O du wonnig weißes Blut meiner Braut!
Grünes Blut steilt –
Schreit –
Jauchzt? –
Grellt –
Sei stumm gelbgrünes Blut!
Schwefel brennt grün!
Ich –
Laufe –
Schreie –
Ich trage meine Qual auf Händen –
Wie ein Kind –
So, so weine doch nicht!
Kind, liebes, grünes!
Ich bin doch deine Mutter!

Liebes Kind –
Grünes –
Weint Kind?
Schwefelgelbes Kind, wie feuerrot bist Du!
Rot –
Blut –
Schwefelgelb –
Grün –
Steilt Verdammnis –
Jagen –
Schreien –
Foltern –
Wahnsinnig die Jagd!
Das Glück?
Du Glück!
Dich liebe ich!
Du –
Weißes Blut, Du!
Aber da steilt!
Schwefelgelb, grün –
Abscheulich grünes Kind!
Wir laufen,
Auf meinem Arm.
Klammere dich!

Die Mauern klammern!
Wir laufen Mauern -
Mauern klammern -
Sie lassen dich mir -
Du und ich -
Grünes Kind -
Du und ich-
Mauern ragen -
Blut steilt grün.
Mauern klammern -
Gelbliches Verstehen -
Dunkelrotes Brüsten -
Sie wollen dich nehmen! -
Nein!
Geilen nur -
Geben zurück -
Blutrot zurück -
Grünes Kind, wie siehst du blutrot aus!
Draußen fliegen schwarze Hunde.
Mauern ragen -
Mauern klammern -
Ich erwarte -
Grünes Kind!
Selig dein Blick!

Schwarze Hunde fliegen um die Mauern –
Grünes Kind,
Bist mein!
Schwarze Hunde,
Fliegt uns fort!

Wunde Rosen bluten

Gedicht 23

Wunde Rosen bluten
Wunden Riesen wunden wunden
Rosen senken senken Rosen
Schwüle wunden Schwüle Schwüle
Senken Rosen senken senken
Wunden Schwüle wunden wunden
Rosen schwülen schwülen Rosen
Gluten tropfen tropfen Glut
Gluten tropfen tropfen Glut
Bluten Rosen wunden schwül
Senken Wunden rosen Blut
Nacht senken Rosen Nacht
Nacht wunden Blut Blut
Nacht bluten Nacht
Blut nachten Blut
Blut bluten
Blut

Silberklang
Weidewunder Silberklang
Weidetröstend Bluteklang

Schweigen tropfen Blut.

Welt voll Irrsinn

Ich
Du
Er sie es
Wir ihr sie,
Ein Friedhof,
Lebendige Forellensauce überlaut.
Ich über du
Überlaut
Forellenfriedhof über
Er du Forellenfisch
Lebendig still
Du!
Ein Friedhof überstill
Wir leben
Wir
Forelle lebt Friedhof
Lebendige Forelle spielt
Wir spielen Leben
Ich spiele du,
Still
Spielen wir?
Leben wir?
Wir
Ihr
Sie

Frühe rundet Regen blau

Runde das Grün
Schlafe maies Land
Grüne Tropfen tropfenweise
Leise Tropfen tropfen leise
Runde schlaf Land
Schlafe grüne Tropfenwiese
Grüne Tropfen sanften Lied
Grünen Grüne grün.

Senken Schwüle

Wunden senken Rosen Tod
Rosen branden Meere Blut
Glut Rosen tropfen Nacht
Schwüle rosen Wogen schweigen Laut

Keuchender Hunger

Der Hunger keucht den Berg
Lügen
Fliegen
Ziegen
Ziegen siegen
Lügen fliegen
Berge ziegen
Ziegen siegen Fliegen
Der Hunger keucht die Fliegen
Räder lügen Ziegen
Räder fliegen Berge keucht der Hunger eine rote
Ziege aus Kalk
Das sind die Katzen, welche Ziegen fliegen
Der Hunger keucht den Berg
Ich fliege deine Katze Ziegen
Ich fliege Ziegen deine Katze
In die Fratze
Und Ziegen
Fliegen
Lügen.

An Anna Blume

Oh Du, Geliebte meiner 27 Sinne, ich liebe Dir!
Du, Deiner, Dich Dir, ich Dir, Du mir, – – – – wir?
Das gehört beiläufig nicht hierher!

Wer bist Du, ungezähltes Frauenzimmer, Du bist,
bist Du?
Die Leute sagen, Du wärest.
Lass sie sagen, sie wissen nicht, wie der Kirchturm
steht.

Du trägst den Hut auf Deinen Füßen und
wanderst auf die Hände,
Auf den Händen wanderst Du.

Halloh, Deine roten Kleider, in weiße Falten zersägt,
Rot liebe ich Anna Blume, rot liebe ich Dir.
Du, Deiner, Dich Dir, ich Dir, Du mir, – – – – – wir?
Das gehört beiläufig in die kalte Glut!
Anna Blume, rote Anna Blume, wie sagen die Leute?

Preisfrage:

1.) Anna Blume hat ein Vogel,
2.) Anna Blume ist rot.
3.) Welche Farbe hat der Vogel.

Blau ist die Farbe Deines gelben Haares,
Rot ist die Farbe Deines grünen Vogels.
Du schlichtes Mädchen im Alltagskleid,
Du liebes grünes Tier, ich liebe Dir!
Du Deiner Dich Dir, ich Dir, Du mir, – – – – wir!
Das gehört beiläufig in die – – – Glutenkiste.

Anna Blume, Anna, A – – – – N – – – – N – – – – A!
Ich träufle Deinen Namen.
Dein Name tropft wie weiches Rindertalg.
Weißt Du es Anna, weißt Du es schon,
Man kann Dich auch von hinten lesen.
Und Du, Du Herrlichste von allen,
Du bist von hinten, wie von vorne:
A – – – – – – – N – – – – – – – N – – – – – – – A.
Rindertalg träufelt STREICHELN über meinen Rücken.
Anna Blume,
Du tropfes Tier,
Ich – – – – – – – – liebe – – – – – – – – – Dir!

Entspannung

Es fällt von mir ab eine kleine weiße Wolke.
Ich liege im Tal unter Lilien und rufe.
Der Hauch ihrer Hand zittert im Wind.
Eine große schwarze Wolke fällt in den Topf.
Dass die Henkersknechte sie sieden,
Dass sie Asche werde
Und stirbt.

Nennen Sie es Ausschlachtung

Anna Blume ist die Stimmung, direkt vor und
direkt nach dem Zubettegehen.
Anna Blume ist die Dame neben Dir
Anna Blume ist das einzige Gefühl für Liebe,
dessen Du überhaupt fähig bist

Anna Blume bist Du
Anna Blume ausschlachten heißt Dich schlachten
Bist Du schon einmal geschlachtet worden?
Anna Blume schlachten heißt Dich ausschlachten
Du lässt Dich gern ausschlachten?
Schlachte Anna Blume, die Stimmung vor dem
Zubettegehen
Schlachte Anna Blume, die Dame neben Dir
Anna Blume schlachten, ist die einzige Ausschlach-
tung, deren Du überhaupt fähig bist
Wenn Du nicht zufällig, Merz wolle Dich bewahren,
ein ganz unfähiger Mensch sein solltest.

Hinrichtung

Merzgedicht 9

Ein Mensch verlangte die Hinrichtung Anna Blumes. Hinrichten wuchtet Kreuzigung. Anna Blume kreuzigen hinrichtet Euch. Ring strahlt das Messer wuchten Scharten schwingen Messer. Ring strahlt das Messer Eure Köpfe, ohne Kopf. Ring wogen Leichen ohne Köpfe Taumel, Taumel.
Menschen! Menschen hirnen Menschen. Ihr Menschen mit dem Gehirn eines Menschen. (Aber mein Herr!) Menschen sind weise, Anna Blume hat ein Vogel.
O du, Geliebte meiner siebenundzwanzig Sinne, A-N-N-A, auch von hinten, du, der ich liebe, du deiner dich dir, das darf nicht sein. Gärten schlingen Welten Kuss. Gärten blühen Hände, Wiesen wohnen Zelte, Himmel welkt Faden, Herbst drahtet Zeiten. Du aber, du Herrlichste, grünst Vogel. Du sättigest tönen Messer die Gefilde. Welkt Erde? Wandern Menschen müssen sterben? Der irre Stahl erhaben glänzt dein Leibern. Tod innig hart peitscht innig Tore Wein. Stirb nur, du weiser Mensch. Du grünest Menschenhirn. Du grünest zittern Menschenhirn. Du stirbst, ich sterbe Mensch, Anna Blume lebt Welten. O du, Geliebte, du grünt Leben welkes Blatt.

Welkt Faden Menschen?
Arme Beinen senken Leiber.
Anna Blume grünt das Welken.

Die Rabenblüte

Eine plätschernde 13 spiegelte sich in einem
gleißen Monde.
Tränen fielen hinein.
Das duckte das Mäuschen.
Tränen spiegelten eine Welle mildet Gram.

O wenn ich eine Welle wäre!
Eine Welle, an beiden Enden gefasst.
Eine Welle, emporgesteilt.
Eine Welle, am Sande versandet.
Am Turm kochen die Uhren.

O wenn ich die Uhr rädern könnte!
Ein Uhrwerk ist ein schönes Tau zu innen.
Den Riss entsanftet meine Seele.
Zages Tau.
Das Blut wächst die innere Hand.
Und Pulse fließen Millionen.
Die Bahnen
Sternen das Blühen.

Wanken

Gedicht 48

Wanken.
Regenwurm.
Fische.
Uhren.
Die Kuh.
Der Wald blättert die Blätter.
Ein Tropfen Asphalt in den Schnee.
Cry, cry, cry, cry, cry.
Ein weiser Mann platzt ohne Gage.

Himbeerbonbon

Konfitüren sinken Nächte die elegante Frau
In Pulverform
Gelegenheitskauf (anregend, schleimbildend.)
Wohlgeschmack das Frau in Pulver Heiligtum
Es lebe die elegante Frau!
Es lebe die Revolution!
Es lebe der Kaiser! (sinken Nächte.)
Vereinigt euch, alle gegen alle, so müssen Winde
sieden.
Schießt Luft! Die Luft muss Löcher
kriegen. Es lebe die durchlöcherte Luft,
das neue Heiligtum (Schleimbildend in
Pulverform.)
Ich sinke einen kalten Affen. (Wohl-
geschmack.)

Die Wiese

Die Wiese wächst. Weh dem, der Wiesen in sich birgt. Wie kann die Wiese wachsen? Ich kann es nicht erkennen, wie sie wachsen kann. Der große arp kann auch nicht. Gras wächst Halme. Die Wiese hebt sich Halme dem Himmel entgegen. Der Wind weht Winde. Halm zittert Lust. Die Sonne durchleuchtet Gras. Der Himmel spiegelt mein Blau auf. Und Erdgeruch duftet über. Wer kann das Wachsen? Wer kann die Wiese kennen? Ich träume Wiese pra.

SIMILE

Ein feines, silbergesprenkeltes Grün
In der Hand von 5 bis 6 todesmutigen Menschen,
Ein Schifflein gemietet
Und damit die rote Marie gesprengt.
Und dann
Wenn keiner mehr kann,
»Anna Blume« aus vollem Halse gesungen.

Dorf

Im Chausseegraben reift mir eine süße
Brombeere entgegen.
Milch ist das Lächeln des Schafes, fromm und gut.
Mitten im Dorfe steht eine bunte Kuh.
Mitten in der Mitte steht ein Mann.
Der Briefkasten hängt am Hause.
Draht ist die Seele der Elektrizität.
Das Weib kreischt: »ua i au.«
»Bä«, sagt das Schaf.
Das Mädchen hat eine Schürze vor.
Auch der blanke Fuß gehört dem Mädchen.
Am Bienenzaum steht *Blume Anna*.

Stumm

Ein Wurm hängt am Angelhaken.
Ein Fisch beißt den Wurm.
Der Fisch beißt auch den Angelhaken.
Die Angel zieht den Fisch.
Nun hängt der Fisch an der Angel.
Die Angel zieht ihn in die Luft.
Der Fisch stirbt in der Luft.
Die Angel stirbt den Fisch.
Ein neuer Wurm hängt am Angelhaken.
Ein neuer Fisch beißt den neuen Wurm.
Und neues Leben blüht aus den Ruinen.

Analyse

Und soll es sein und muss es sein,
Eis zwei drei, ja muss es sein,
Und hilft kein Weinen und Flennen
Greif in die Nesseln fest hinein,
So werden sie dich brennen,
Eins zwei drei, ja brennen.

Es ist Herbst

Es ist Herbst. Die Schwäne essen das Brot ihrer
Herren mit Tränen zusammengebacken. Einige
matte Expressionisten schreien nach Wein, denn
es ist noch Wein genug da, aber es gibt keinen
Expressionismus mehr.
Es lebe der Kaiser, denn es gibt keinen Kaiser mehr.
Uhren uhren die Stunden fünfundzwanzigtausend-
mal.
Ich gleite.
Gleite Schlingen.
Kreischt eine Maschine.
Katzen hängen an der Wand.
Ein Jude geigt das Tier zum Fenster hinaus.
Heraus.
Es ist Herbst und die Schwäne herbsten auch.

A. M.

Er fiel in einen Narrenstall.
Da rauscht ein zäher Wasserfall.
Da sank ein zäher Gummiball.
Er aß von seinem Widerhall.
Da gab er seinen zähen Knall.
Wer gab da seinen zähen Knall?
Der zähe Gummiwasserfall?
So endete der zähe Prall
Im allgemeinen Knall und Fall:
Von Arp und Merz in diesem Fall.
So springt ein zäher Wasserball.

[PORNOGRAFISCHES I-GEDICHT]

PPPPPPPPP

pornographisches i-Gedicht

Die Zie |
Diese Meck ist |
Lieb und friedlich |
Und sie wird sich |
Mit den Hörnern |

Der Strich zeigt, wo ich das harmlose Gedichtchen aus einem Kinderbilderbuch durchgeschnitten habe, der Länge nach. Aus der Ziege ist so die Zie geworden.

Und sie wird sich | nicht erboßen,
Mit den Hörnern | Euch zu stoßen.

Relativität

Da das Leben relativ ist,
Und der eine Absatz schief ist,
Ist der andre desto mehr
Gradereer.

Dabei ist er auch schon sehr
Und allmählich mehr und mehr,
Was noch niemand wahrgenommen,
Auf die schiefe Bahn gekommen.

Steht er aber mal allein,
Sieht's ein jeder Trottel ein,
Dass auch dieser Absatz schief ist,
Weil das Leben relativ ist.

Fräulein Franke

Wie ein Gedanke
Saß auf der Banke
Ein Fräulein Franke.
Da kam der Herr Piesewitt
Und nahm die Dame mit.
Da hat Piesewitten die schönsten Stunden
In Fräulein Frankes Arm empfunden.

Der Baum

Man weiß es kaum,
Es lebt der Baum
Ganz wie im Traum
Im Weltenraum.
Er braucht sich niemals zu bewegen,
Denn für die Nahrung sorgt der Regen.
Es lebt der Baum,
Man weiß es kaum,
Ganz wie im Traum.

Mensch ärgere deine Frau nicht

Wer sprechen will und wagt's nicht,
Wer heimlich seufzt und sagt's nicht,
Wer ein Mädchen liebt und küsst's nicht,
Der heißt ein Mann und ist's nicht.

Schnuppe

Meine süße Puppe,
Mir ist alles schnuppe,
Wenn ich meine Schnauze
Auf die Deine bautze.

Herbst / Die letzte Fliege

Herbst ist es, und die Gardinen sind leer.
Die Fliegen ziehen nach dem warmen Süden.
Herbst ist es, und die Gardinen sind leer.
Ein paar verwaiste Fliegenflecke auf den
Augengläsern der Lampe
Erinnern noch an die verflossene goldene Zeit.
Herbst ist es, und die Gardinen sind leer.
Nur eine letzte Fliege singt mir ihr Lied.
Sie hat viel zu tun,
Denn sie muss mir den Lärm der Legionen von
Sommerfliegen vortäuschen.

Flieglein,
Süßes,
Umspiele meine Nase mit deinem holden
Gezwitscher,
Umsurre mein träumendes Kitzelohr,
Dass es wieder Sommer wird.
Oh du Göttliche,
Jetzt sitzt du auf meiner Nasenspitze.
Heil dir!
Sitze, du Süße,
Wärme dich,
Denn es ist schon kalte Zeit.

Leck von den Brosamen meiner Nase,
Leck dich satt,
Denn ich danke es dir, dass du mich an den
Sommer erinnerst.

Menschen sind Menschen

Menschen sind Menschen,
Freuden das Ziel,
Frieden das Leben,
Leben das Spiel.
Es rollt die rote Scheibe,
Gemeinschaft gibt uns Kraft,
Die Sonne scheint uns allen,
Wir stehen oder fallen,
Die Zukunft ist gestrafft.

Menschen sind Menschen,
Nachten zum Strahl,
Richten die Kräfte,
Steigen zu Tal.
Es rollt die rote Scheibe,
Gemeinschaft gibt uns Kraft,
Die Sonne scheint uns allen,
Wir stehen oder fallen,
Die Zukunft ist gestrafft.

Menschen sind Menschen,
Bannen die Hast,
Streifen den Bogen,
Tragen die Last.
Es rollt die rote Scheibe,

Gemeinschaft gibt uns Kraft,
Die Sonne scheint uns allen,
Wir stehen oder fallen,
Die Zukunft ist gestrafft.

Doppelmoppel

Der Herr von Doppelmoppel
Hat alle Dinge doppel.
Er hat ein Doppelkinn
Mit Doppelgrübchen drin.
Er führt ein Doppelleben,
Das zweite stets daneben.
Er hat ein Doppelweib
Zum Doppelzeitvertreib.
Der Herr von Doppelmoppel
Hat eben alles doppel.

SONNETT

Bei gutem Wetter bin ich liberal,
Bei schlechtem ist die Landschaft meistens kahl,
Der Berg ist höher als das tiefste Tal.
Was wär' die Menschheit ohne Ideal?!

Die Ideale sind des Lebens Brot,
Denn ohne Ideale ist man tot.
Der Reim befreit den Dichter aus der Not,
Wenn er ein Reimemacher ist aus echtem Schrot.

Dann legt er morgens schon im frühen Bette
Die klangvoll lyrisch herrlichen Sonnette,
Die reimen von der Menschheit hohen Taten

Und stehen schon beim ersten Frühstück Paten.
Was wär die Menschheit ohne Ideale,
Ihr bliebe statt des Reims die hohle Schale.

[Da sprach der Herr]

Da sprach der Herr: Wieso
Ich bin von Herzen froh,
Dass ich die Dame nicht
Geküsst hab' ins Gesicht,
Denn hätt' ich sie geküsst,
Dann hätte ich gewusst,
Dass mich die Dame liebt,
Was meistens Unglück gibt.

Kleines norwegisches Wintergedicht

Schneeflocken fallen leise
In monotoner Weise.
Der Himmel ist so grau.

Teufel in Not

In der Not frisst der Teufel Fliegen.
– Ja was denn?
Soll er etwa vielleicht überhaupt nicht fressen?
Er hat doch nichts Besseres!
Ich selbst würde auch in der Not Fliegen fressen.
– Meinen Sie?
Kommt vielleicht doch nicht in Frage.
Werden keine Jewichte drauf jelegt.
Überhaupt komischer Teufel.
Ich selbst würde in der Not nicht fressen.
Fressen und fressen lassen.
Man soll nie andere fressen lassen.
Selber essen macht fetter.
Lieber in der Not selber essen, als andere fressen
lassen.
In der Not wird der Teufel fett?
Jetzt weiß ich, woher ich fett werde!
Weil der Teufel in der Not selber frisst,
Statt andere essen zu lassen.
Fliegen haben kurze Beine.
Lügen macht fett.
Auf einem Bein kann man schlecht fliegen.
Wer hat keine Fliegen?

Kleines Gedicht für grosse Stotterer

Ein Fischge, Fisch, ein Fefefefefischgerippe
Lag auf der auf, lag auf der Klippe.
Wie kam es, kam, wie kam, wie kam es
Dahin, dahin, dahin?

Das Meer hat Meer, das Meer, das hat es
Dahin, dahin, dahingespület,
Da llllliegt es, liegt, da llllliegt, llliegt es
Sehr gut, sogar sehr gut!

Da kam ein Fisch, ein Fefefefefisch, ein Fefefefefefe-
fefefefefefe- (schriller Pfiff) feFe feFe
feFe feFefischer,
Der frischte, fischte frische Fische.
Der nahm es, nahm, der nahm, der nahm es
Hinweg, der nahm es weg.

Nun llllliegt die, liegt, nun llliegt die Klippe
Ganz o o o ohne Fischge Fischgerippe
Im weiten, weit, im We Weltenmeere
So nackt, so fufu furchtbar nackt.

Gedicht aus Norwegen für Helma

In einem Garten blühen Lilien.
Sie blühen munter, und sie schilien
Zum Nachbargarten, ob die rote Nelke,
Die ihnen wohlgefällt, auch nicht verwelke.
Die rote Nelke nelkte mild zurück.
Der Lilien Schielien war ihr ganzes Glück.
So schiele ich, mein liebes Weib, Dir zu,
Dein mildes Nelken gibt mir Mut und Ruh.
Oh, nelke weiter, bis der Tag gekommen,
Dass ich Dich endlich in den Arm genommen. –

[Du]

Du,
Unbekannte Frau,
Dich liebe ich.
Ich hab' Dich nie gesehn
Und kenne Dich.
Ich liebe Dich,
Denn Du bist die,
Die mich versteht,
Die alles mir verzeiht.
Die alles, was ich tu und was ich denke
Mit Liebe füllt
Und Glück.
Du, unbekannte Frau, Dir gelten meine Träume,
meine Sehnsucht.
Und wenn ich einst Dich finde,
Dann,
Ja dann??
Die Welt ist groß und tief.
Dir gelten meine Träume,
Dir,
Nur Dir!

Grosse Liebe

Es war die Nacht zum Lillebummer Schützenfest.
Er hielt das Mädchen fest an seine Brust gepresst.
In seinen Augen standen süße Zähren,
Er war dabei, ihr ›alles‹ zu erklären.
»Du bist das schönste Mädchen, das ich je
geliebt«,
Sprach Adolar, »weil es keine Schönre gibt.
Fühlst du, wie unsre Seelen ineinanderfließen
Und donnernd sich ins tiefe Meer des Glücks
ergießen?«
Sie sagte nur das eine Wörtchen: »Ja!«
Weil sie das tiefe Meer des Glücks nicht sah,
Weil sie nicht fühlte, wie die Seelen flossen,
Sich brausend ineinandergossen.
Da sprach er: »Holdes Kind, fühlst du es nicht,
Wie jetzt mein Herz zu deinem Herzen spricht?
Wie meine Lippen sich auf deine neigen,
Um dir im Kuss das Paradies zu zeigen?«
Sie sagte nur das eine Wörtchen: »Nein.«
Sie fühlte nicht des Kusses süßen Wein,
Weil Adolar, der sie jetzt küssen müsste,
Vor vielen tausend Worten sie nicht küsste.
Er presste weiter sie mit Heldenmut
So fest, wie es nur große Liebe tut.

Kleines chinesisches Gedicht

Ich stand vor meiner eisernen Haustür.
Mein Freund kam vorbei auf einem lenkbaren
Fahrrad.
Da erinnerten sich meine Gedanken an sie.

In gewissem Sinne

In gewissem Sinne
Wärmt die liebe Sonne.
Sie ist meine Wonne,
Was ich auch beginne.

Sehnsucht

Leise gleiten meine Träume
Hin zu Dir,
Durch der Sehnsucht weite Räume
Fern von Dir.

Ich möchte träumen nur von Dir
In weiten Räumen fern von mir.

Ich möchte küssen Deinen Mund
Und scheiden müssen jede Stund'.

Gefangen

Die Sterne erlöschen ihren Glanz.
    Ich bin gefangen, gefangen.
Zwar liege ich nicht in Ketten,
Doch bin ich tot, ich schlafe.
    Ich bin gefangen, gefangen.
Mir geht das Leben
Der Sterne vorbei.
Mich kennt es nicht, mich weiß es nicht.
Geächtet liege ich im Tal.
Gebt mir Gerechtigkeit!
Was habe ich getan?
Und weshalb sperren sie mich ein?
Ein Flüchtling bin ich,
Das ist alles.
Ein Flüchtling ohne Heim.
Hab ich denn nicht genug verloren?
Weib, Haus und Land?
Doch bleibt mir die Unendlichkeit der Sterne
Und die Vergangenheit und Zukunft.
Und deshalb sperren sie mich ein.
    Wer hört mein Rufen? »Steht mir bei!«
Ich soll verdorren wie ein Blatt
In einer Welt von Blumen.
Verdorren soll ich, weil ich bin.
Und über mir zerbrechen die Sterne.
    Ich bin gefangen!

So, so! –

Vier Maurer saßen einst auf einem Dach.
Da sprach der erste: »Ach!«
Der zweite: »Wie ists möglich dann?«
Der dritte: »Dass das Dach halten kann!!!«
Der vierte: »Ist doch kein Träger dran!!!!!!«
Und mit einem Krach
Brach das Dach.

FROH-STUMM

Wie war ich froh,
Als Du warst do,
Wie klopfte laut mein Herz!
Wie wird es mir
Mit ohne Dir?
Ich schweige stumm wie Erz.

Keine Rose

Keine Rose ist von vorn
Gänzlich ohne Dorn.
Aber auch von beiden Seiten
Können Dornen sie begleiten;
Und von hinten trifft man oft
Dornen unverhofft.
Darum sollte man im Leben
Mit dem Dorn nach vorne streben.

Regen

Regen tönen Tropfen triefen
Triefen Pfützen Bäche Brunnen
Spritzen Wasser sprengen Fluten
Klatschen feuchten Wirbel fallen
Wirbel Wasser Wolken Häuser
Fallen Bäume fallen Brücken
Wirbel Wasser Wolken Massen
Baden Erde fallen Tropfen
Regen
Regen
Tropfen
Tropfen
Regen
Regen
Tropfen tropft Tropfen auf Tropfen zu Tropfen
Silber mit silbernem Klopfen zu Klopfen
Spiegel des Wassers zerbrechen zu Tropfen
Kreise durch Kreise zerkreisen zu Tropfen
Blätter durch Kreise zerkreisen zu Tropfen
Blätter erzittern erwarten die Tropfen
Licht zu erglänzen durch klopfende Tropfen

Cornelia

Du bist mir so fern!
Ich hätt Dich so gern!
Komm in die Straßenbahn,
Ich hör Dich schon nah'n,
Aufsteigt mein Liebeswahn.
Wann kommst Du an?
Wann, o wann!?

Banalitäten aus dem Chinesischen

Fliegen haben kurze Beine.
Eile ist des Witzes Weile.
Rote Himbeeren sind rot.
Das Ende ist der Anfang jeden Endes.
Der Anfang ist das Ende jeden Anfangs.
Banalität ist jeden Bürgers Zier.
Das Bürgertum ist aller Bürger Anfang.
Bürger haben kurze Fliegen.
Würze ist des Witzes Kürze.
Jede Frau hat eine Schürze.
Jeder Anfang hat sein Ende.
Die Welt ist voll von klugen Leuten.
Kluge ist dumm.
Nicht alles, was man Expressionismus nennt, ist
Ausdruckskunst.
Kluge ist immer noch dumm.
Dumme ist klug.
Kluge bleibt dumm.

[Ach, es geht mir etwas besser]

Ach, es geht mir etwas besser,
ich bin nur neunmal heute
ohnmächtig geworden!

Meisterlich-Lied

Man schlägt die Ordnung nicht in ihr Gesicht;
Denn solches duldet die Fassade nicht.
Die Ordnung schützt seit vielen Jahrmillionen
Mensch und Kulturen, die darunter wohnen.

Der Mensch erstrebt ein ideales Ziel,
Im Arm der Ordnung ist er frei und edel,
Und nun treibt Untergang mit uns sein Spiel,
Zusammenstoß zerspaltet uns den Schädel?

Das kann nicht sein,
Das darf nicht sein,
Das widerspräche der Moral und Sitte,
Ich halte nicht still,
Weil ichs nicht will.
Das lassen wir uns nicht gefallen. Bitte!

[1927]

Virmula-Lied

Man schlägt der Ordnung wohl in ihr Gesicht,
Und wenn auch diesmal die Fassade bricht,
Weltuntergang wird die Kultur nicht schonen,
Die dilettantisch blieb seit Jahrmillionen.

Der Mensch erstrebt ein Ziel.
Was schadet ihm ein wohlgespaltner Schädel?
Er treibt mit Ordnung und Gesetzen Spiel,
Und selbst der Untergang macht ihn nicht edel.

Das kann schon sein,
Das wird schon sein.
Im Weltgeschehen ist es mal so Sitte,
Es nützt nicht viel,
Man halte still –
Das müssen wir uns bieten lassen. Bitte!

[1927]

Paulsen-Lied

Blume vom anderen Stern
Orchidee
Blume, die weltenfern
Orchidee
Blume aus Duft und Herbe
Orchidee
Blume Blätter und Scherbe
Orchidee
Blume mit klingender Glut
Orchidee
Blume mit menschlichem Blut
Orchidee
Blume wie Strahlentropfen
Orchidee
Blume wie Hammer klopfen
Orchidee

[1927]

Lied der Miss Elektrizität

Ich bin elektrisch,
Nehmt Euch in acht!
Ich stiebe Funken,
Bald positiv,
Bald negativ.
Bald negativ,
Bald positiv,
Ich fasziniere.
Ich ziehe an.
Ich flüstere knistere,
Ich knistere flüstere.
Kurzschluss ? ? ?
Hahahaha
Ich habe
Kontakt!

Geist der Technik (mitten hinein)
Funken, Blitzen, Feuer, Licht,
Turbine, Maschine, Eisen, Zement,
Funken, Blitzen, Feuer, Licht,
Turbine, Maschine, Beton ...

[1928]

Es kehrt die Zeit

Es kehrt die Zeit
Dreimal so weit.
Ich bin entzweit
Millionenweit.
Ich bin bereit:
Es kehrt die Zeit.

Die Zeit ist um,
Vorbei, vorbei.
Die Welt wird dumm,
Der Stab geht krumm,
Es fließt das Ei
Vorbei, vorbei.

CIGARREN [ELEMENTAR]

Cigarren
Ci
garr
ren
Ce
i
ge
a
err
err
e
en
Ce
Cel
CelGe
CelGeA
CelGeAErr
CelGeAErrEr
CelGeAErrErr
CelGeAErrErr
ErrEEn
EEn
En
Ce
i

ge
a
err
err
e
en
Ci
garr
ren
Cigarren (Der letzte Vers wird gesungen).

Gesetztes Bildgedicht

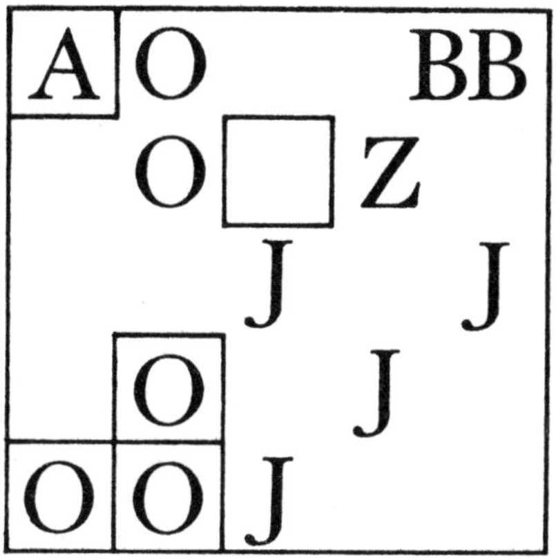

A–A Bildgedicht

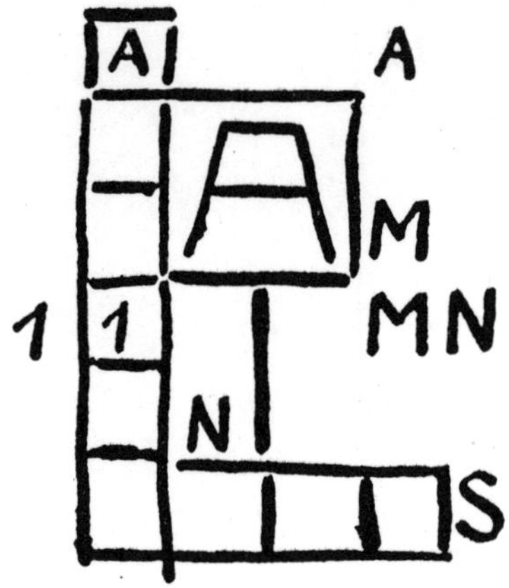

Das i-Gedicht

[lies: »rauf, runter, rauf, Pünktchen drauf«]

[Tata Tui]

TATA TATA Tui

E Tui E

tiLLALALAtiLLALALA

tiLLALALAtiLLALALA

tui tui tui tui tui tui tui tui

URSONATE

[Schwitters' »Ursonate« ist das wohl berühmteste Lautgedicht, das je erdacht wurde. Sie in dieser Sammlung abzudrucken erschien dennoch nicht sinnvoll ob ihrer Länge von knapp 30 Druckseiten und weil es ein Sprechgedicht ist, das man hören muss. Von Schwitters selbst ist eine Tonaufnahme vom 5. Mai 1932 erhalten. Teile dieser sowie andere Aufzeichnungen sind im Internet zugänglich.]

NIESSSCHERZO

Das Ganze niesen

tesch
haisch
tschiiaa
pesche püsch
haisch
tschii aa
pesche püsch
haisch
happaisch
hapeschepüsch
happapeschaisch
happe tschaa
happe tschaa

piss püss piss pass
piss puss piss pass
piss püss piss pass

piss puss piss pass
piss püse pise pass
piss puse pise pass

piss püsch piss pass
piss pusch piss pass

piss püsch piss pass
piss pusch piss pass

pesche pusch piss pass
pesche püsch piss pass
pesche pusch piss pass
pesche püsch piss pass

piss püss piss pass
piss puss piss pass
piss püss piss pass
piss püss piss pass

tesch
haisch
tschiiaa
pesche püsch
haisch
tschii aa
pesche püsch
haisch
happaisch
hapeschepüsch
happapeschaisch
happe tschaa
happe tschaa

HUSTEN SCHERZO

Das Ganze husten

kraff
püsch
kraff
püsch püü uu
kraff
püsümüsüür
kraff
püsümüsoff
kraff
püsemüse
kraff

püsümüsoff püsümüsüür püsümüsaisch
püsümüsaisch püsümüsoff püsümüsüür
püsümüsüür püsümüsaisch püsümüsoff

kraff
püsch
kraff
püsch püü uu
kraff
püsümüsüür
kraff

püsümüsoff
kraff
püsemüse
kraff

püü uu püü aa püü oo
püü uu püü oo püüaa
püü uu püü oo püü aa
püü oo püü aa püü uu

kraff
püsch
kraff
püsch püü uu
kraff
püsümüsüür
kraff
püsümüsoff
kraff
püsemüse
kraff

püsümüsoff püsümüsüür püsümüsaisch
püsümüsaisch püsümüsoff püsümüsüür
püsümüsüür püsümüsaisch püsümüsoff

kraff
püsch
kraff
püsch püü uu
kraff
püsümüsüür
kraff
püsümüsoff
kraff
püsümüse
kraff

What a b what a b what a beauty

What a b what a b what a beauty
What a b what a b what a a
What a beauty beauty be
What a beauty beauty be
What a beauty beauty beauty be be be
What a be what a b what a beauty
What a b what a b what a a
What a be be be be be
What a be be be be be
What a be be be be be be be a beauty be be be
What a beauty.

Verzeichnis der Gedichtüberschriften und -anfänge